Carl ZIMMERMANN
J.-J. DUBOIS, Henry WENGER, Paul TISSOT

LA CONFÉDÉRATION DES NATIONS

CONTRIBUTION A LA CONSTITUTION D'UNE DÉMOCRATIE MONDIALE

Organe de la « Société suisse pour l'institution d'une Confédération des Nations »

Prix : Fr. 1.50

ÉDITION « SONOR » S. A. — GENÈVE

Carl ZIMMERMANN
J.-J. DUBOIS, Henry WENGER, Paul TISSOT

LA CONFÉDÉRATION DES NATIONS

CONTRIBUTION
A LA CONSTITUTION D'UNE DÉMOCRATIE MONDIALE

Organe de la « Société suisse pour l'institution
d'une Confédération des Nations »

Prix : Fr. 1.50

ÉDITION « SONOR » S. A. — GENÈVE

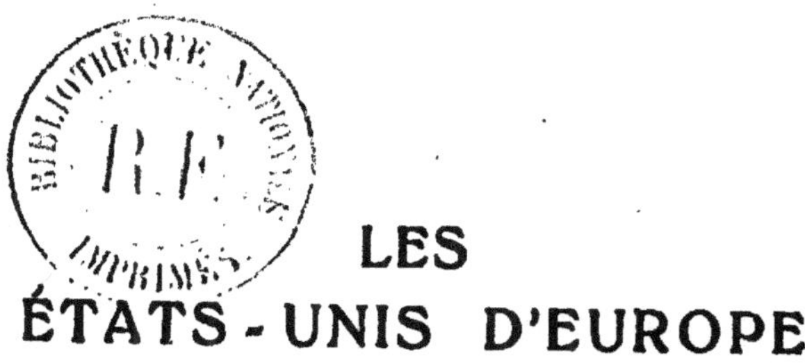

LES
ÉTATS - UNIS D'EUROPE
par
CARL ZIMMERMANN

Avant-propos

Toutes les discussions sur les buts de guerre et sur la paix, tout en énonçant de nobles idées et en soutenant des principes très élevés, négligent d'en déduire des propositions pratiques, formulées d'une manière précise, sont des approximations qui ne peuvent engendrer d'autres résultats que de contribuer à la confusion générale, de perpétuer des controverses stériles et d'opposer à toute initiative une méfiance paralysante. — Si l'on veut travailler pour la paix avec quelque chance de succès, il faut s'efforcer tout d'abord de se débarrasser de toute idée préconçue et d'envisager d'une manière aussi claire que positive les conditions fondamentales d'une paix durable et nettement délimitée. — De cette manière, ou l'on acquerra la conviction qu'une vie pacifique en commun de toutes les nations est chose réalisable, et alors il ne restera plus qu'à établir un programme précis et positif pour arriver à ce but, ou l'on aboutira à la négation de cette possibilité et, dans ce cas, il n'y aura rien d'autre à faire qu'à laisser les événements suivre leur cours et à se préparer à supporter tant bien que mal l'inévitable.

Les conditions fondamentales
de l'entente européenne

Il semble que ce serait donc énoncer un lieu commun que d'affirmer que toute communauté humaine en général, devrait avoir pour base l'idée de justice. Cependant la méconnaissance de cette soi-disant évidence constitue la cause la plus profonde de la guerre mondiale et de sa prolongation. Tout le monde est d'accord sur ce point, mais personne ne s'efforce d'en tirer les déductions nécessaires et de les mettre en pratique. Le principe de la justice, appliqué à la vie en commun des peuples, suppose tout d'abord des droits et des obligations égaux pour tous. Il ne faut qu'aucun peuple ne brigue pour lui quelque chose qu'il ne soit prêt à accorder à tous les autres ; d'autre part, aucun peuple ne doit exiger d'un autre une renonciation qu'il ne tiendrait pour naturel de consentir lui-même. En effet, une entière indépendance, une inviolabilité assurée, tant dans le domaine politique que dans celui de la culture, une liberté illimitée de développement économique sont à la base des conditions de vie essentielles de chaque peuple ; aussi est-il nécessaire de rechercher si, et comment, il est possible de concevoir la vie en commun de peuples qui rempliraient chacun, et à un égal degré, ces conditions.

La famille européenne des peuples

Supposez que toutes les nations européennes, si dissemblables par leur étendue et leur caractère, de culture si hétérogène, de développement économique si différent, ayant chacune leur propre histoire et leur propre civilisation, puissent un jour s'unir pour vivre ensemble sur un pied d'égalité, ne serait-ce pas plus invraisemblable que de se représenter les descendants d'une ancienne race qui, après avoir vécu séparés les uns des autres et avoir subi des fortunes différentes, se réuniraient un jour et décideraient de rétablir l'ancien esprit de famille et les liens étroits qui les unissaient. On ne peut attendre que d'heureux résultats d'une transformation par laquelle l'estime et le crédit de chaque membre de la famille seraient déterminés, non par sa force et sa richesse, mais par l'usage qu'il en ferait en faveur de toute la communauté.

Les membres de la famillle, si différents les uns des autres, ne deviendraient par leur adhésion à la communauté ni semblables, ni équivalents. Leur droit aux uns et aux autres, consisterait dans la possibilité de faire partie de la famille et de profiter également de sa prospérité et de son crédit. A ce droit correspondrait pour tous un même devoir : l'obligation d'entrer dans la famille et de se dévouer pour elle. Une vie pacifique en commun des peuples d'Europe, respectant le caractère propre de chacun d'eux, est chose parfaitement possible à condition toutefois que chacun soit prêt à renoncer aux aspirations égoïstes et à tendre tous ses efforts vers une contribution aussi large que possible à la défense des intérêts de la communauté.

Egalité politique

Il est impossible que, dans une famille aussi unie et étroitement solidaire, des membres cherchent à s'approprier par la violence le bien d'autrui. Celui qui s'aventurerait sur cette voie s'attirerait l'opposition de tous les autres et verrait ses projets contrecarrés par une résistance générale. Chacun serait entièrement libre de cultiver son champ ou d'exploiter son industrie, mais personne ne pourrait impunément troubler la paix commune en attentant à la propriété de son voisin. Il est à prévoir que, dans la famille européenne, il sera nécessaire, pour les premières dizaines d'années de transition, de recourir à des conventions et à des dispositions déterminées, lesquelles devront avoir force de loi pour tous, et qui seront destinées à limiter l'action de ceux qui seraient tentés de faire passer leurs propres désirs avant le repos et la sécurité de la communauté. Les peuples ne subiront aucun dommage à troquer leur politique de puissance et de prestige contre le système d'égalité des droits ; et ils y trouveront bien au contraire un accroissement de crédit et d'influence. Cette transformation ne serait en effet pas autre chose que le passage de l'anarchie à la légalité, de la barbarie brutale à la vraie civilisation. Reconnaître cette vérité sera d'autant plus aisé que les peuples seront plus exempts d'esprit de domination et moins infatués de leur puissance, que leur sens politique sera plus libéral et débarrassé de préjugés, qu'ils seront plus maîtres de leurs propres destinées. C'est à la réalisation de cet idéal que devront concourir le zèle et la bonne volonté de tous ; c'est par ce moyen, plus que par tout autre, que les peuples affirmeront leur véritable caractère et leur réelle valeur.

Liberté de développement économique

La reconnaissance du principe de l'égalité des droits permet de prévoir également dans le domaine économique, une vie en commun pacifique et organisée des peuples européens, à condition toutefois d'accorder une importance prépondérante aux nécessités découlant de la dépendance solidaire qui résulte de cette vie en commun. Plus les luttes de rivalité s'effaceront devant les rapports de parenté, plus la formule « vivre et laisser vivre » remplacera les visées ambitieuses et plus on travaillera les uns avec les autres et non les uns contre les autres ; de cette façon, chacun obtiendra avec moins de peine et moins de souci des résultats supérieurs à ceux du passé. Ici également, il faudra s'attacher à éveiller et à maintenir par des dispositions légales appropriées le sens de la communauté. Cette façon de concevoir l'égalité économique, dont la caractéristique résidera dans le désir de conserver les situations acquises plutôt que l'extension par la concurrence, aura sans doute pour résultat de faciliter la réalisation d'efforts communs : cette conséquence sera encore rapidement renforcée par un désir général dans la Confédération européenne de voir disparaître le matérialisme et le culte de l'or. Il faudra à l'avenir prêcher encore plus vigoureusement que maintenant la haine et le combat, non contre le capital qui est utile à l'économie mondiale, mais contre le mauvais emploi du capital, contre son accumulation dans le but de disposer de puissance de domination et de force brutale. On luttera contre la tendance à amasser des capitaux démesurés qui ne rendraient aucun service à la communauté par des taxations élevées, spécialement

sur les grosses successions et on encouragera au contraire tout
ce qui peut contribuer à sa diffusion, cela par un adoucisse-
ment des luttes économiques et en propageant la coopération
et le syndicalisme. Là, la transition doit également être assurée
au moyen de dispositions légales destinées à écarter tous abus
et capables d'éviter autant que possible des heurts regrettables.

En résumé, il est certainement permis de dire que la possibilité d'une vie en commun des peuples d'Europe, profitable
à tout le monde, dépend uniquement de leur capacité et de
leur bonne volonté à régler leurs rapports réciproques dans un
esprit loyal et équitable, ainsi que cela se passerait entre membres d'une même famille. Il est aussi possible d'espérer, comme conséquence de l'avènement d'un état d'esprit enclin à la
réconciliation et au progrès intellectuel, un accord sur le terrain d'une égalité parfaite de toutes les nations d'Europe et une
évolution vers un avenir meilleur et plus haut sans qu'il soit
nécessaire de recourir à aucune contrainte ni dans le domaine
politique ou économique, ni dans celui de la culture.

Le pouvoir exécutif

Il serait cependant nécessaire, aussi bien pour les Etats
unis d'Europe que pour toute autre collectivité d'intéressés,
de posséder les moyens de faire respecter l'ordre établi et leur
situation. L'organisation européenne doit être conçue de telle
sorte que ces moyens ne puissent être mis au service que du
maintien de son existence dans la forme qui aura été arrêtée,
que de la garantie d'intangibilité du cadre extérieur dans lequel les peuples pourront en toute liberté et en dehors de toute
contrainte vivre leur vie propre. Il serait aussi peu justifié de
voir en eux un amoindrissement de l'autonomie de chaque
Etat que si l'on considérait l'application des lois comme une
atteinte à la liberté individuelle. Si les Etats d'Europe accep-
tent librement certaines contraintes nécessaires à la sécurité
de la confédération, et nécessaires aussi au maintien et à l'existence de chaque Etat pris séparément, on verra se produire le
même spectacle que lorsque des participants à un syndicat se
fixent à eux-mêmes certaines obligations dans le but d'obtenir
des résultats avantageux pour la communauté.

Autonomie des Etats

Loin de nous la pensée de nous représenter l'organisation des Etats unis d'Europe comme un « surétat » par l'institution d'un « surgouvernement » au dessous duquel il ne pourrait subsister que des unités politiques sans importance et réduites à une vie élémentaire, telles que des administrations de districts ou de communes. L'effet produit par l'organisation centrale de l'association européenne sur chacun des Etats ne doit au contraire pas être différent, quoique plus profond et plus sûr, de celui qu'avaient, d'une manière si heureuse avant la guerre dans une quantité de domaines, les associations internationales. Pour autant que des conventions liant les Etats sembleront nécessaires à l'organisation et à la sécurité de la Confédération, l'adhésion à ces conventions devra constituer un acte librement consenti des Etats et leur observation ne comportera donc aucune atteinte à la liberté des peuples. Il en résulte que le respect des lois assurant la protection de ces conventions ne pourra jamais être considéré par les Etats pris séparément que comme une chose toute naturelle et jamais comme une atteinte à leur autonomie. Ces dispositions impératives qui doivent être placées à la base de la constitution de la confédération et qui, par conséquent peuvent être désignées comme ses lois fondamentales, perdront en outre de leur signification au fur et à mesure que la mentalité des peuples européens s'adaptera mieux aux conceptions nouvelles par l'effet d'une éducation collective à établir sur un plan donné. Comme il s'agit pour la solution de toutes ces questions, non pas d'assurer un avenir limité, mais d'instituer un état de choses destiné à durer indéfiniment, il est permis d'affirmer que toutes ces mesures de sécurité indispensables au début revêtent un caractère essentiellement provisoire et de transition. Par contre, le libre jeu de l'institution qu'est la Confédération des peuples européens, profitable à tous les peuples confédérés, devra dans l'avenir s'exercer à l'exclusion d'aucune contrainte. L'institution de toutes conventions autres que les lois fondamentales n'est possible que sous forme de réglementations facultatives que chaque peuple serait libre d'adopter ou non et auxquelles chaque peuple (conformément à certaines modalités préalablement arrêtées) aurait la faculté de renoncer en tous temps. La distinction entre lois fondamentales et lois d'option de la Confédération peut s'exprimer brièvement comme suit : les dispositions de nature obligatoire qui auront été acceptées librement par les peuples européens lors de la constitution de la Confédération dans le but d'assurer un développement normal et sûr de leur association seront superflues et pourront être supprimées aussitôt que, grâce à un travail en commun exercé en pleine liberté, on assistera à l'avènement d'un sentiment de solidarité européenne assez fort et assez puissant pour protéger efficacement l'existence de la Confédération. Dès que ce résultat aura été acquis, la Confédération européenne sera aussi solide que chaque Etat l'est aujourd'hui. Le sens de la nécessité de la Confédération sera alors aussi vivace que l'est actuellement le sentiment national chez chaque ressortissant de tous les Etats.

Les Etats unis d'Europe doivent par conséquent (à l'encontre des Etats Unis d'Amérique dont l'organisation est totalement différente) constituer, non un Etat fédéral, mais une confédération d'Etats dont le rôle sera de défendre les intérêts communs de ses membres ainsi que de faire progresser et de faire respecter leur sens de la communauté sans toutefois exercer aucune contrainte sur leur individualité, laquelle acceptera au contraire, librement, de se plier et de se soumettre aux nécessités de la vie en commun.

L'accord direct

Il résulte encore de cette nécessité que cette alliance peut être réalisée, non pas par les gouvernements, mais par les peuples eux-mêmes. Les gouvernements sont en effet habitués, et leur organisation le veut ainsi, à défendre exclusivement les intérêts de leur propre peuple ; ils ne se prêtent donc pas à l'établissement d'un accord qui, ainsi que nous l'avons dit, n'est possible que par une compréhension impartiale et bienveillante des besoins et de l'individualité de chacun des contractants. Les gouvernements songeront toujours et avant tout à faire triompher le point de vue de leur propre pays et ils hésiteront à se montrer tant soit peu soucieux des intérêts d'autrui parce qu'ils craindront toujours de devoir imposer à leurs administrés des concessions rendues nécessaires par leur attitude conciliante. Les administrés de leur côté ne seront que trop enclins à voir dans une concession qu'on leur aura imposée un préjudice porté à leurs intérêts, préjudice qui leur paraîtra doublement fâcheux parce qu'ils croiront pouvoir l'attribuer uniquement au manque d'habileté de leurs gouvernants. Mais, si les membres d'une même famille s'unissent dans un pressant et sincère désir de réconciliation, d'entente et de vie en commun pacifique et durable, si, d'emblée, ils se pardonnent les erreurs et les péchés de leurs représentants, ce qui leur sera facile, étant donné qu'ils en sont complètement innocents et n'y ont aucune part, on verra s'établir et persister ces dispositions intimes et bienveillantes que tous reconnaissent comme la condition la plus importante pour vaincre les obstacles qui s'opposent à leurs projets. En outre, les constitutions politiques des peuples d'Europe sont très différentes et l'accord des gouvernements avec la majorité n'est nullement assuré partout. Pour que l'œuvre de la Confédération ait un succès durable, il est donc de la plus grande importance qu'on fasse participer toutes les capacités et qu'on utilise tous les courants qui influent sur la vie des peuples. Ce n'est en effet qu'en procédant de cette façon qu'on peut espérer que la grande masse porte à la formation et au maintien de la Confédération le vif intérêt nécessaire à assurer son existence.

Le Conseil européen

Composition

La constitution d'une confédération européenne a donc comme première condition une représentation commune de toutes les nations y participant, soit la création d'un parlement des nations européennes ; appelons-le le « Conseil Européen » (C. E.). Chaque nation devra élire au C. E. des députés dans une proportion à fixer selon le chiffre de sa population, par exemple un député par 500.000, 750.000 ou un million d'habitants, suivant qu'on jugerait opportun une assemblée de 800, 600 ou 400 députés. Tout citoyen européen majeur, en possession de ses droits civiques, sans distinction de sexes, aurait le droit d'élire des députés ou d'être élu lui-même. On peut admettre comme une chose allant de soi à notre époque l'introduction de l'instruction obligatoire là où elle n'existe pas encore ; ainsi on arriverait au minimum d'instruction indispensable pour être électeur. Toutes les autres objections contre le droit uniforme d'électeurs très différents peuvent être réfutés par les mêmes arguments qu'on oppose aux adeptes du vote plural. Les élections se feront selon un mode aussi simple que possible, mais qui élimine cependant toute manœuvre électorale et qui sera réglé dans son ensemble par la constitution ; elles se feront selon le système de la représentation proportionnelle, de préférence au moyen de listes. On arrivera ainsi à ce que toutes les nationalités de même que tous les partis obtiennent une représentation pour autant qu'ils comptent un certain minimum d'adhérents. Il sera en outre possible de procurer aux nationalités qui vivent dispersées dans divers Etats, une représentation commune de leurs intérêts, sans qu'il faille pour cela diviser les Etats où elles se trouvent. Avec la consolidation progressive de l'idée d'un Etat collectif européen, les affinités nationales et civilisatrices, activées puissamment par le C. E., prendront une importance toujours plus grande ; en même temps, et sans aucune intervention violente, les frontières des divers Etats, perdant peu à peu leur caractère de séparation et d'entrave, finiront par s'effacer.

Organisation

Il ne sera pas très difficile à une conférence de parlementaires de fixer les détails d'organisation du C. E. Il semble qu'on pourrait prévoir la possibilité d'initiative populaire de même que la révision des décisions du C. E., au moins en ce qui concerne les lois fondamentales. Il n'y aurait pour cela qu'à envisager une application adéquate du droit d'initiative et de referendum tel qu'il est pratiqué en Suisse. Il serait également opportun d'instituer dès maintenant une commission fédérale pour la création d'une langue universelle, servant aux rapports politiques et commerciaux. Aussitôt que toutes les nations se seraient mises d'accord, cette langue devrait être enseignée dans toutes les écoles des Etats confédérés, et, par la suite, devenir obligatoire pour tous les débats et pour toutes les publications du C. E. et de ses organes. En même temps, toujours à l'exemple de la Suisse, on admettra sur le pied d'égalité les langues principales. En cas de décès ou de démission d'un député, le candidat suivant de la même liste lui succéderait, de sorte que de nouvelles élections ne seraient nécessaires que tous les dix ans environ ; elles seraient basées sur les recensements faits dans tous les pays à la même époque. Le président du C. E., élu chaque année, serait aussi le représentant de la Confédération.

Compétences et responsabilités

C'est au C. E. exclusivement, comme seul organe issu du choix direct de tous les membres de la Confédération, que serait attribué l'ensemble des compétences législatives, gouvernementales et administratives. Les gouvernements de chaque Etat resteront, au moyen de leurs représentants, en contact permanent et étroit avec le C. E. ; ils devront avoir la possibilité de donner leur opinion lors des délibérations de ce dernier, mais ils n'exerceront aucune influence directe sur ses décisions. Le C. E. se déchargera de la partie technique de ses travaux sur des corps de fonctionnaires ; les Départements européens (D. E.), composés de spécialistes qui pourvoiront à la préparation, à l'exécution et au contrôle des résolutions du C. E. Les membres des D. E. seront nommés par le C. E. et leurs appointements seront fixés par lui ; ils ne seront responsables de leurs actes que vis-à-vis du C. E. qui, de son côté n'aura à répondre de l'activité des D. E. que vis-à-vis de ses électeurs. Des commissions spéciales du C. E. seront chargées de la surveillance courante et du contrôle des travaux de tous les départements.

Les Départements fédéraux

Les D. E. entretiennent des rapports suivis avec les ministres du même ressort de chacun des Etats et en même temps avec toutes les associations professionnelles ; ils sont par conséquent toujours informés de l'ensemble des courants d'idées et des désirs de toutes les nations confédérées concernant leur champ d'activité. Ils organiseront des congrès professionnels auxquels prendront part les leaders les plus distingués de tous les pays et seront ainsi en tous temps à même de rendre un compte exact au C. E. de l'effet pratique de ses résolutions, des changements nécessaires et des initiatives à prendre. En cas de divergences de vues ou de réclamations, les représentants de chacun des Etats soutiendront les intérêts de leurs ressortissants auprès du département en cause. S'il y a lieu, le litige sera déféré au tribunal fédéral ; lorsqu'il s'agira de contestations entre différents Etats, le C. E., après avoir entendu la commission spéciale chargée de ces questions, pourra trancher en dernier ressort contre les décisions du tribunal d'arbitrage fédéral. Cette disposition préviendrait efficacement toute bureaucratie et toute partialité.

I. Le Département de l'Intérieur

La partie la plus importante du travail du C. E. incombera au département de l'intérieur qui devra offrir à toutes les sociétés internationales de sciences, d'art, de pédagogie, d'économie sociale, d'hygiène, de sports, etc. la possibilité de développer et d'accroître l'individualité européenne au moyen de rapports et d'échanges convenablement organisés de ce qu'il y a de meilleur dans tous les Etats confédérés. Comme, dans les attributions de ce département, il s'agira toujours de sujets ayant trait à la culture, pour lesquels la confédération assure une pleine liberté à ses membres, on ne mettra en vigueur que des lois d'option que chaque état sera libre d'adopter et de conserver suivant ses convenances. La seule loi fondamentale de ce département sera une disposition qui interdira toute injure ou menace publique à l'adresse de la confédération ou de ses membres, mesure indispensable pour prévenir toute excitation à la haine entre les peuples. Des tribunaux d'honneur pour toutes les subdivisions, école, presse, littérature, art, etc., auront pour mission d'éviter qu'une critique saine et nécessaire ait à souffrir d'influences malveillantes qui pourraient égarer l'opinion. Le département s'efforcera, par la publication d'un journal fédéral remis gratuitement à tout citoyen européen, de faire participer activement les masses populaires à la prospérité générale et de développer dans chaque individu la conscience de sa dignité de citoyen européen. Parmi les tâches de ce département figurera également le soin du développement physique des jeunes générations ; il pourra de plus y être adjoint un service civil obligatoire.

II. Département de l'Industrie et du Commerce

Le département de l'industrie et du commerce reposera également presque entièrement sur des lois d'option, la constitution de la confédération exigeant aussi une pleine liberté dans le domaine économique. Les lois fondamentales prévoiront qu'aucun Etat ne peut octroyer des droits inégaux aux confédérés. Elles prohiberont également toutes manœuvres déloyales ainsi que tous procédés servant les intérêts des producteurs ou des commerçants au détriment de ceux des consommateurs tels que les systèmes de « dumping », de primes d'exportation, les trusts, etc. La constitution libérale de la confédération, adaptée aux intérêts de tous, démocratisera tous les parlements, entraînera peu à peu l'abandon du système des douanes et favorisera le développement économique au moyen du syndicalisme et d'une répartition judicieuse du travail. Il faut, que dans la confédération européenne, chaque nation ait pleine liberté d'organiser sa vie économique en tenant compte exclusivement de ses propres besoins, dans la mesure où elle n'attenterait pas par là à la liberté économique d'un autre Etat confédéré. Le département cherchera à trancher lui-même les différends qui pourraient provenir de cet état de choses ; s'il ne réussit pas à le faire, la section commerciale du tribunal fédéral et, dans les cas importants, le C. E. lui-même, seront compétents.

L'Office du commerce et des finances

L'office fédéral du Commerce sera une subdivision du département de l'industrie et du commerce. Les relations multiples des Etats confédérés entre eux exigeront impérieusement que le service des chemins de fer, des bateaux, de l'aviation, des postes et du téléphone soit développé et facilité. Réciproquement, les citoyens confédérés seront rapprochés par tous les progrès dont l'effet sera de réaliser des économies de temps et d'argent. Une autre division, l'office fédéral des finances, gérera les finances fédérales auxquelles chaque Etat contribuera en proportion du nombre de ses habitants. Comme la confédération, à côté des dépenses entraînées par son organisation, n'aura à couvrir que les frais de la défense fédérale, les Etats pourront supprimer leur budget militaire, ce qui leur permettra de réaliser d'importantes économies.

III. Département des colonies

L'égalité des droits de tous les membres de la confédération et la suppression de toutes les tendances spéculatives et matérialistes feront seules l'objet des lois fondamentales du département des colonies. Celui-ci aura pour tâche de faire prospérer les colonies. de tous les Etats confédérés de telle sorte que ces pays soient aussi tôt que possible à même de prendre place dans la confédération avec les mêmes droits et les mêmes obligations que les autres membres de cette dernière. Il veillera sur les ressources et les richesses des colonies comme un tuteur prend soin de la santé et de la fortune de son pupille. Pour conserver autant que possible l'état de choses existant, il ne changera les institutions et les lois des colonies que dans la mesure où l'ensemble de sa gestion le nécessitera. La réunion de tout l'empire colonial européen rendra son développement considérablement plus facile et moins coûteux, de sorte que les colonies n'auront plus besoin des subsides de la mère patrie et produiront néanmoins un rendement beaucoup plus élevé que par le passé.

IV. Département des affaires étrangères

L'esprit de concorde que nous considérons comme le fondement indispensable de l'union européenne comporte le renoncement à tout impérialisme, à tout déploiement de puissance et d'autorité, et aura pour conséquence l'abandon de toutes les manifestations de la politique étrangère des Etats confédérés. Il est indubitable que les pouvoirs centraux de la confédération seront à même de sauvegarder les intérêts de ses citoyens à l'étranger mieux que ne pourrait le faire le plus fort des Etats confédérés. Comme la constitution défend à la confédération européenne tout agrandissement de son territoire, la tâche du département des affaires étrangères, réunion des ministères des affaires étrangères de tous les Etats, sera seulement d'empêcher une violation de la propriété ou des droits des membres de la confédération à l'étranger, ou d'exiger leur rétablissement s'il y a lieu. Si tous les Etats européens avec leurs colonies font partie de la confédération, ils ne trouveront en face d'eux que les intérêts de l'Amérique et ceux de l'extrême Orient. L'attitude purement pacifique et défensive de la confédération facilitera une entente avec l'Amérique ; de cette façon, l'extrême Orient aurait contre lui le monde entier s'il venait à faire preuve de velléités agressives. Ainsi, les utopies si souvent raillées, du désarmement général et de la paix mondiale perpétuelle apparaîtront bientôt comme des buts très près d'être atteints. Conformément à leur liberté économique, tous les Etats entretiendront dans la mesure de leurs besoins, auprès des Etats confédérés et étrangers des missions commerciales qui seront entièrement indépendants du département des affaires étrangères, aussi longtemps que leur activité n'ira pas à l'encontre des lois fédérales. Pour les différends de ce domaine, on instituera au département de la justice des tribunaux spéciaux.

V. Département de la défense fédérale

Le caractère purement défensif de la Confédération sera garanti avant tout par une armée et une marine fédérales communes, ce qui correspond à une extension des alliances militaires qui sont opposées dans la guerre actuelle et qui, presque toutes, s'étaient déjà produites par le passé, mais dans une situation diamétralement opposée. En les unissant toutes, on les rend superflues ; à l'avenir, ce ne seront pas les canons et les fusils, mais bien l'esprit et la civilisation qui deviendront les seuls moyens de procurer aux nations l'autorité et l'influence et à leurs ressortissants, la prospérité et la sécurité. La tâche du département de la défense fédérale se réduira à surveiller la périphérie du territoire fédéral et presque exclusivment à garder les côtes ; elle n'exigera donc qu'une faible partie des millions d'hommes qui se battent aujourd'hui. A l'intérieur du territoire fédéral, il n'y aura pas de problèmes militaires à résoudre sauf la possibilité d'une intervention devenue nécessaire pour défendre la confédération contre un de ses membres ; seule une majorité importante du C. E., les 3/4 ou les 4/5 par exemple, pourrait statuer sur l'opportunité de cette intervention. L'influence du militarisme sur la vie des citoyens sera donc très réduite et ne constituera plus un obstacle au progrès des nations.

On pourrait envisager un monopole fédéral pour la fabrication et la vente des armes à feu et des explosifs ; il y aurait également lieu d'instituer une règle uniforme pour le maintien des gardes nationales et des corps de pompiers, qui devraient prêter main-forte en cas d'accident ou de cataclysme, ainsi que pour l'établissement de corps de gendarmerie destinés uniquement à pourvoir au maintien de la sécurité et de l'ordre public.

VI. Département de la justice

Le sixième département, celui de la justice, représentera l'ensemble de tous les tribunaux nécessaires pour réviser les jugements émis par d'autres instances. Il sera chargé de la préparation juridique des lois fédérales et du contrôle de leur application. Le Parquet fédéral poursuivra les infractions aux lois fédérales. Les différends des Etats entre eux seront jugés par une cour d'arbitrage, le droit de recours au C. E. restant réservé. Pour éviter qu'il se produise des frottements dans le mécanisme fédéral, un tribunal administratif sera nécessaire. Le département de la justice, en se servant de ce qui existe déjà dans ce domaine, s'efforcera d'adapter progressivement les lois et les ordonnances juridiques de toute la confédération aux dispositions existantes. Par l'organisation de congrès spéciaux, par la publication de revues, etc., il coordonnera les efforts de toutes les personnalités compétentes de la confédération pour coopérer au développement de toutes les autres branches de l'activité fédérale.

Les commissions temporaires

A côté de l'organisation fédérale, présumée stable, du C. E. et des départements, il faudra créer, pour les questions qui ne se présenteront qu'une fois, des commissions spéciales.

Commission d'enquête

Pour le rétablissement du calme et de la paix, il est nécessaire que l'effroyable crime qu'est cette guerre trouve son expiation et que les coupables en soient rendus responsables. Une commission d'enquête, instituée par le C. E., sera chargée d'établir d'une façon absolument objective et authentique, avec toute l'exactitude et la bonne foi que demandent l'examen d'un cas aussi grave, quels sont les causes et les auteurs de la guerre. Ce serait cependant une nouvelle erreur que de vouloir faire dépendre la fin de la guerre du résultat de cette enquête. La conséquence en serait que des millions d'hommes devraient continuer à souffrir par suite de circonstances dont ils sont entièrement innocents et auxquelles il leur est absolument impossible de mettre un terme. Tous ceux qui possèdent des documents intéressants seront tenus de les mettre à la disposition de la commission afin qu'elle les examine et en fasse usage. Les autres éviteront de se mêler au procès et attendront le jugement sans manifester.

Commission de reconstitution

Une autre commission aura à résoudre le problème de la reconstitution, reconstitution qui pour la réconciliation de l'Europe, ne devra pas être la conséquence d'un procès, mais bien un acte d'humanité et la preuve de l'intérêt qu'a la confédération à guérir aussi rapidement que possible toutes les plaies économiques et morales. Pour limiter cette tâche dans la mesure du possible, on pourra se borner à envisager la reconstitution de la propriété des particuliers qui pourront prouver qu'ils ne sont pas en état de remplacer ce qu'ils ont perdu par leurs propres moyens. On fera dépendre l'octroi du secours de la preuve qu'il sera employé utilement en demandant à l'Etat intéressé d'avancer et de supporter une partie des frais. Les secours seront répartis sur une durée d'environ 20 ans et tous les Etats confédérés y participeront proportionnellement au nombre de leurs habitants. On peut espérer que l'Amérique et le Japon tiendront à honneur de faire participer leurs industriels enrichis par la guerre à une œuvre de secours qui sera destinée exclusivement à venir en aide à la Belgique, à la France, à la Serbie, à la Galicie et à la Pologne.

Commission pour les questions de transition

Une commission pour les questions de transition devra élaborer des propositions et prendre des mesures afin d'apaiser rapidement, sinon d'empêcher, les troubles graves qui ne peuvent manquer de se produire lorsqu'on passera de l'état de guerre à celui de paix. Elle proposera que l'administration du C. E., des départements et des commissions ne se fasse pendants une certaine période de transition que par des neutres et sur des territoires neutres seulement. Elle cherchera de même à gagner le concours de personnalités qualifiées pour ces charges sous réserve de leur nomination par le C. E. L'organisation de la démobilisation, envisagée du point de vue de l'Europe entière, facilitera bien des choses qui auraient semblé impossibles autrement, telles que l'échange des prisonniers, de la main-d'œuvre, des matières premières, des moyens de

transport, des matériaux de chauffage et d'exploitation, etc.
Dans le domaine du droit, on obligera chaque Etat à faire con-
corder dans un certain laps de temps, ses lois et ses traités
avec les lois fédérales, lui laissant la latitude de dispositions
transitoires, pourvu qu'elles ne soient pas en opposition avec
les lois fédérales. Cette période de transition produira plus
d'une fois de l'agitation et des troubles et l'intérêt général interdira qu'on exploite la situation pour se livrer à la spécula-
tion et à l'usure ; on y réussira en préparant à temps les mesures nécessaires pour empêcher ces abus.

La réalisation

Comité central

Pour réaliser ce projet d'une Europe libre, unie et pacifique, il faudra un certain nombre de personnalités énergiques,
désintéressées, respectées, des neutres secourables dont le jugement personnel n'aura pas été obscurci par des sympathies
pour l'un ou pour l'autre des partis belligérants. L'organisation du C. E., la direction des six départements et des trois
commissions temporaires, la création d'une commission de
propagande et la direction générale seront confiées à douze de
ces personnalités. L'une d'entre elles, chargée de la direction
générale veillera en outre à ce que les différentes divisions res-
tent en rapport les unes avec les autres et aient une représentation commune, ainsi qu'une gestion commune de leurs affaires. Ces douze hommes adresseront en leur qualité de « Comité
général pour la fondation de la confédération européenne »
une proclamation collective à toutes les personnalités compétentes des pays neutres, leur demandant de participer à la constitution de groupements spéciaux pour chaque domaine. Chaque groupe élaborera dans un laps de temps fixé l'organisation
technique, les lois constitutionnelles nécessaires ainsi qu'un
programme provisoire. Les travaux de tous les groupes seront
alors réunis et formeront une proposition de paix neutre qui
contiendra un projet détaillé de confédération européenne. En
même temps la commission de propagande créera une large
organisation qui comprendra tous les pays neutres d'Europe.

Propagande

Dès que la proposition sera prête, les masses populaires des États neutres devront en prendre connaissance et y être gagnées. Les citoyens et citoyennes neutres devront tous s'efforcer de répandre dans leur famille, chez leurs connaissances et dans le public cette proposition de paix positive, clairement élaborée et à l'abri de toutes objections. Chacun exigera de la société dont il est membre, du journal auquel il est abonné, du parti auquel il appartient, qu'ils prennent fait et cause pour ce mouvement. Chacun prendra part aux conférences, aux assemblées populaires, aux pétitions et aux démonstrations qui demanderont à l'opinion publique, à la représentation nationale et au gouvernement de se joindre à cette initiative. Un réveil aussi énergique des neutres aura son contre-coup dans les milieux pacifiques des belligérants, de sorte que les parlements de ces derniers, sans aucune influence directe extérieure, ne pourront ignorer cette proposition. Là où les parlements seraient impuissants devant les gouvernements, les peuples eux-mêmes prendront leurs intérêts en mains et l'exemple des nations voisines, ajouté au besoin toujours croissant de paix, les fortifiera dans cette résolution. Placé devant l'alternative de combattre et de souffrir indéfiniment pour finir quand même par vivre dans l'amertume, la misère et la terreur de nouvelles guerres, ou d'obtenir par un juste accord une paix immédiate et définitive, la liberté et la prospérité, aucun peuple n'aura de doute au sujet de la décision à prendre.

Organisation

Tout parlement qui déclarera en principe son adhésion déléguera en même temps un certain nombre de ses représentants qui participeront au travail des groupes chargés des travaux préparatoires ; sans attendre plus tard on préparera les élections au C. E. Dès qu'on aura l'adhésion d'un certain nombre de nations nécessaire pour donner une stabilité suffisante à la confédération, il sera procédé aux élections. Le C. E. élu se réunira immédiatement et, grâce aux travaux préparatoires, établira rapidement sa constitution ainsi que celle des départements et des commissions. Alors seulement, on pourra renoncer à la collaboration volontaire des groupes spéciaux et le travail de reconstitution intérieure pourra se faire avec ordre et calme. Dès que l'organisation de la confédération sera terminée, il ne pourra plus se produire d'hostilités entre les peuples qui en font partie et il n'arrivera plus que des millions d'hommes devront verser leur sang et périr parce que, autour du tapis vert, Messieurs les diplomates n'auront pas pu se mettre d'accord sur tel ou tel point.

Confédération des Nations
comme condition préliminaire de la paix

Celui qui considère le grand nombre des belligérants, la quantité des questions controversées et difficiles à résoudre, de même que l'animosité et la raideur avec lesquelles les sphères dirigeantes des peuples ennemis se font face, comprendra facilement qu'il sera tout à fait impossible d'obtenir dans un temps rapproché une paix définitive, par des négociations entre les belligérants. Si même, après des travaux infiniment longs et pénibles, ils arrivaient à un maigre compromis, ou si, à la suite de révoltes, d'épuisement, ou de « victoire décisive » de l'un des partis, la guerre prenait fin, ce ne serait pas encore la paix. L'animosité et l'excitation à la haine entre les peuples ne cesseraient pas ; les nations continueraient à s'accuser réciproquement de leur malheur, d'autant plus qu'elles en souffriraient davantage, et une entente basée sur l'égalité des droits et la réciprocité serait moins concevable que jamais. Aujourd'hui en revanche, la perspective d'échapper immédiatement par une convention amiable, aux souffrances terribles de la guerre, constitue un puissant stimulant à tous les efforts tendant à ce but. Inversement, le désir ardent d'arriver à une telle entente prépare d'une manière efficace le terrain et les dispositions nécessaires au succès de ces efforts. C'est pour cela qu'il ne faut pas remettre l'union de l'Europe jusqu'après la guerre ; il faut au contraire y travailler avec énergie dès à présent.

Les propositions

De cet exposé de l'organisation de la confédération européenne et des bases de sa constitution, ainsi, que de sa durée, découlent les six propositions suivantes que nous soumettons ici à la discussion publique.

1).— La réunion des peuples européens en une Confédération, basée sur l'entente et la réconciliation, offrant des garanties de liberté à l'intérieur et de protection à l'extérieur, aura pour condition la cessation immédiate de la guerre et deviendra la base d'une paix définitive.

2). — Les belligérants seront donc obligés d'abandonner toutes prétentions visant à l'oppression de l'adversaire. Les groupements de puissances pourront faire valoir leurs protestations contre l'abandon de droits qu'on leur demande de consentir ; ils se soumettront néanmoins en considérant que les bienfaits d'une paix durable sont très supérieurs à la perspective d'un succès matériel temporaire

3). — Ecartant tout changement arbitraire de frontières, de système de constitution et de gouvernement, la Confédération permettra aux peuples confédérés de participer proportionnellement à leur importance au gouvernement commun et d'y faire représenter leurs intérêts particuliers.

4). — La Confédération devra garantir la liberté des Etats confédérés dans les questions économiques et de civilisation ; elle se bornera donc dans toutes ces questions à donner une impulsion à la libre initiative et à l'encourager. Elle devra, à l'encontre de l'activité matérielle et intellectuelle de ces quarante dernières années, éveiller et faire croître un esprit nouveau tendant avant tout au développement des biens moraux et spirituels.

5). — Le principe de la conservation de la propriété de chacun et du renoncement à toute idée de conquête devra être déterminant pour les rapports des Etats confédérés entre eux et pour ceux de la Confédération avec les Etats étrangers.

C'est pour cela qu'on n'emploiera la force militaire que pour protéger la Confédération contre des menaces venues de l'intérieur ou de l'extérieur.

6). — La fondation de la Confédération européenne devra résulter de l'initiative des parlements des pays belligérants ; l'impulsion devra être donnée par tous les neutres d'Europe, qui se fixeront comme but la réalisation de ces propositions.

Les peuples dans la confédération européenne

L'Entente

Les peuples de l'Entente luttent et mettent leur existence en jeu pour se libérer, eux et leur postérité, de l'oppression et du danger du militarisme prussien ainsi que de l'hégémonie allemande. Ils ne veulent pas anéantir le peuple allemand, ni lui contester le droit de rester indépendant et de se développer librement.

C'est en effet ce droit qui forme l'idéal le plus élevé et le plus important de ceux pour lesquels l'Entente fait la guerre. Mais existe-t-il un moyen plus efficace de réaliser ce but de guerre de l'Entente que d'enlever à l'Allemagne toute possibilité de faire valoir ses prétentions autrement que par des raisons de droit que l'Europe tout entière aura à apprécier. Y a-t-il pour la France une garantie plus sûre contre tout danger de violation de son territoire qu'une Allemagne sans soldats et sans vaisseaux de guerre. Y a-t-il pour le marchand et pour l'ouvrier anglais une meilleure garantie contre toute velléité d'empiètement qu'une Allemagne dont le commerce, grâce au contrôle et au pouvoir exclusif de l'Europe entière, sera forcé de rester dans les limites que lui imposeront la loi et le droit de tous les peuples civilisés. Ces garanties pourraient-elles être obtenues par la poursuite de cette guerre sanguinaire ou simplement de la guerre économique, par une dévastation et un affaiblissement sans fin de notre continent. Est-ce qu'une victoire militaire remportée sur l'Allemagne au prix de sacrifices nombreux, terriblement durs et sanglants, n'uniraient pas plus sûrement le peuple allemand avec son gouvernement autocratique et militaire, qui lui serait indispensable pour obtenir dans des temps meilleurs la revanche de sa défaite. Ne resterait-il pas au cœur de l'Europe un foyer constant de troubles et de dangers qui paralyserait toute confiance dans l'avenir et tout esprit d'initiative et qui perpétuerait la misère causée par l'incitation à la haine entre les peuples. Il faudrait, dans tous les milieux pensants et capables de jugement de France et d'Angleterre, se dire clairement qu'on ne pourra pas mettre le militarisme prussien hors d'état de nuire si on cherche à l'anéantir seulement en Prusse ; il faudra au contraire enlever cet instrument dangereux des mains de l'égoïsme et de l'ambition et le transformer pour la protection de la liberté et de la concorde partout et dans tous les pays. Il faut avouer que ce serait se donner un certificat d'incapacité et de pire espèce que de redouter encore le commerce allemand, une fois qu'il serait forcé de se conformer aux mêmes principes que celui des autres nations et que tous procédés déloyaux ou manœuvres louches lui seraient interdits. Si l'on pouvait établir avec une sécurité absolue que le gouvernement allemand ne possède aucun droit de plus et ne peut exercer un pouvoir plus grand que les autres gouvernements, quelle raison y aurait-il pour la France ou pour l'Angleterre de s'inquiéter de la façon dont le peuple allemand s'accommoderait de la forme de son gouvernement et de sa dynastie ? Si la démocratie allemande travaillait en collaboration avec les autres démocraties de la Confédération européenne, ne serait-ce pas appliquer des principes directement contraires à toute vraie démocratie que de vouloir exercer une pression sur la nation allemande pour lui imposer un changement de sa constitution intérieure ? Tous les Anglais et tous les Français qui ont à cœur la paix et la liberté de leur pays ne salueront-ils pas avec reconnaissance une solution qui libérera entièrement leur avenir du danger allemand sans qu'ils soient forcés d'intervenir dans les affaires internes d'un pays étranger ?

L'Alsace-Lorraine

Mais l'Alsace-Lorraine ? Les principes de la Confédération européenne qui ont été proposés assurent à chaque nationalité et à chaque parti sa liberté d'action pourvu qu'ils ne cherchent pas à se séparer de l'Etat où ils se trouvent. Les frontières des Etats ne devront pas porter obstacle à la communauté de l'action civilisatrice et nationale qui, de son côté, devra renoncer à tout empiètement politique. Plus qu'un arrangement obtenu de vive force et comportant des luttes prolongées et violentes, le développement naturel et sans entrave des nationalités et des partis dans l'organisation collective de l'Europe satisfera légalement les besoins de ces nationalités et de ces partis. En regard de la communauté de culture libre de toute pression politique, la séparation des Etats par des frontières ne revêtira plus qu'une importance tout à fait secondaire. Si, pour mettre fin à la guerre, on laisse l'Alsace-Lorraine à l'Allemagne, il faudra poser la condition qu'elle jouisse d'une entière autonomie nationale et soit à l'avenir gouvernée, non pas par Berlin, mais par Strasbourg. Elle sera libre de développer ses relations de culture avec la France et la France pourra la reconquérir par la civilisation sans que l'Allemagne s'y oppose autrement qu'en s'efforçant de gagner dans ce pays des sympathies plus fortes que celles qu'il nourrit pour la France. De cette émulation pacifique, la France aussi bien que l'Allemagne tireront profit ; mais surtout l'Alsace-Lorraine aura tout à gagner ; au lieu d'être une pomme de discorde, elle deviendra un lien important et précieux entre les deux civilisations. Cette perspective, comparée avec le danger de devenir, la guerre continuant, le théâtre d'une retraite stratégique et de rester finalement un Etat frontière ou un Etat tampon entre deux grandes puissances vouées à une haine mortelle, devrait faire de tous les Alsaciens et de tous les Lorrains des champions enthousiastes de la Confédération européenne.

Les Puissances centrales

Les puissances centrales, et l'Allemagne principalement, luttent pour leur sécurité et pour leur intégrité politique ainsi que pour leur liberté économique dans le monde. Cette liberté et cette sécurité seront-elles encore menacées quand la France et la Russie n'auront pas un seul soldat et quand l'Angleterre ne possédera plus un seul vaisseau de guerre? Le militarisme ne sera-t-il pas superflu pour l'Allemagne dès le moment où toutes les autres nations le supprimeront aussi et cette suppression ne sera-t-elle pas accueillie avec joie par tout Allemand aimant sa patrie et ne la considéra-t-il pas comme la disparition d'un forte pression politique et économique, comme la garantie d'un développement véritablement démocratique et libéral, enfin comme l'acheminement vers un avenir de santé et de prospérité pour son pays? Le peuple allemand ne possède-t-il pas la force et les capacités nécessaires pour s'affirmer, dans les mêmes conditions que les autres peuples du monde entier, sans toujours traîner le sabre et brandir un poing ganté d'airain? N'est-il donc pas convaincu de sa mission et de son devoir moral de donner le bon exemple et de placer le prix des biens spirituels bien au dessus de la vile poursuite des intérêts matériels? Et cette tâche ne sera-t-elle pas accomplie bien plus facilement et plus rapidement grâce à l'union pacifique avec les peuples voisins que grâce à une ambition dévorante pour obtenir une production formidable et des chiffres d'affaires et d'exportation colossaux?

Les Nationalités

La meilleure solution pour toutes les questions qui occupent l'esprit des Belges, des Polonais, des Serbes, des Slaves du Sud, des Tchèques et des Roumains, des Juifs, des Ukraniens, des Lettons, des Finlandais, des Irlandais, des Egyptiens, des Hindous et en général de tous ceux qui désirent assurer et développer librement leur vie nationale sans être entravés par les grandes puissances qui les entourent ou les gouvernent, sera de se rallier à une confédération de peuples libres qui préviendra tout emploi de la force contre le développement pacifique. Celle-ci garantira donc à chaque Etat l'inviolabilité de ses frontières politiques et une liberté économique illimitée, mais, dans ce cadre, elle asurera également à toute opinion de quelque importance le droit absolu de se manifester librement et la possibilité d'exercer son influence sur les décisions du conseil des nations européennes.

Dans cette confédération libre et pacifique, au sein de laquelle toutes les énergies saines tendues vers l'élévation et l'ennoblissement du niveau de la vie pourront se manifester librement, tous les progrès de la culture spirituelle, sociale et technique auront un déploiement puissant et multiple ; les Etats et leurs chefs rivaliseront de zèle pour rendre accessibles à leurs ressortissants de nouvelles acquisitions dans ces domaines ; ils ne manqueront pas de chercher à s'assurer l'attachement et la fidélité de leurs peuples par un gouvernemnt et une organisation bien entendus, en veillant à la justice et à la prospérité et en dirigeant toutes les énergies de leurs administrés vers ce qui est beau, vrai et bon. Assurés contre le danger extérieur, ils accorderont d'autant plus volontiers et complètement à l'intérieur une liberté et des droits égaux à toutes les tendances. Ainsi, après des siècles de discorde et de luttes, notre continent reprendra son rang dans la culture mondiale en inaugurant une époque de noble humanité dans laquelle l'instinct de gain et de conquête, qui conduisit toujours à la brutalité et à la bassesse, fera place à une joyeuse émulation dans tous les domaines de la pensée et du sentiment, dans lesquels tout succès individuel sera en même temps un gain et un enrichissement pour tous, où il n'y aura pas de frontières et pas de droit exclusif de propriété, par conséquent pas de violation et d'oppression. La valeur exagérée accordée aux biens matériels deviendra méprisable et honnie ; d'autre part, chacun sera suffisamment pourvu du nécessaire pour être exempt de soucis et pour pouvoir consacrer son existence aux affaires d'utilité publique ainsi qu'à la saine jouissance de tous les trésors de la nature et de la vie auxquels tous les hommes ont le même droit.

Le devoir de la Démocratie

Ne sera-t-on pas en droit d'attendre des Anglais et des Français, traditionnels défenseurs de la véritable démocratie, qu'ils proclament les premiers ce qu'il y a de suranné dans l'idée de « conquête » qu'il s'agisse de territoires ou d'argent, et qu'ils s'attachent de toutes leurs forces à faire triompher la nouvelle conception créatrice d'une Europe unie et pacifique, consacrant la victoire de la raison sur la force ? Serait-il vain d'espérer que ces peuples, qui mettent leur honneur et leur gloire dans leur absolue indépendance, feront de la Confédération des Etats européens leur but de guerre ? Ne peut-on espérer qu'ils entraîneront les démocraties des empires centraux leur inspirant le courage et la décision nécessaires pour leur permettre de triompher une fois pour toutes dans leurs pays de toute autocratie et de toute politique de force ? Si les bienfaits d'un avenir libre et heureux sont la part de tous les peuples, est-ce une raison pour que chaque peuple en particulier s'en réjouisse moins ? Est-ce que les femmes, les mères, les enfants français ou anglais seront moins heureux du retour définitif de leurs époux, de leurs fils, de leurs pères, apportant avec eux la certitude de la victoire sur la guerre pour tous les temps, parce que les femmes allemandes en seront heureuses aussi ? Lorsque les soldats français et anglais regagneront leurs foyers, pleins de satisfaction d'avoir lutté pour assurer à leur pays un avenir pacifique, leur joie sera-t-elle troublée par le fait que les soldats allemands et autrichiens la partageront ? Seraient-ils plus heureux s'ils avaient « conquis » quelque chose et s'ils devaient traîner après eux comme un boulet la conviction que la lutte sauvage n'est pas terminée, qu'elle n'est qu'interrompue, qu'elle va recommencer de plus belle, qu'il y aura de nouvelles dissensions, des excitations à la haine, qu'il faudra supporter le poids d'armements terribles, et qu'un jour, on ne sait quand, la guerre reprendra plus cruelle et plus dévastatrice encore ?

Les ennemis
de la confédération des peuples

Messieurs les diplomates et les militaristes, les fournisseurs de guerre et leurs satellites de la presse combattront, c'est évident, nos propositions avec toute la fureur de leur égoïsme et en usant des moyens puissants que leur a procurés la guerre, car leur existence est menacée par la fin des hostilités. Mais les centaines de millions d'hommes que la guerre écrase et martyrise continueront-ils à se laisser mener comme des instruments dociles alors que nous ne cessons de leur crier qu'il ne faudrait qu'un peu d'énergie à chacun d'eux pour obtenir immédiatement la paix que tous demandent et qui est nécessaire à tous, une paix écartant les idées d'impérialisme et de suprématie, mais consacrant le principe du droit et de la liberté, de la vie commune basée sur l'ordre et l'union.

Si notre projet pénètre au cœur des pays neutres et dans toutes les classes des peuples belligérants, si les millions d'hommes qui souffrent de privations, de faim et de froid dans les tranchées et à l'arrière fournissent un dernier sursaut d'énergie pour le faire aboutir, que pourront alors contre le flot qui monte, les phrases, les promesses, les grands mots et les calomnies ?

Appel

Nous espérons et nous désirons de tout notre cœur que les parlements et les gouvernements reconnaissent à temps les exigences de l'heure présente afin qu'après l'horreur de longues années de guerre nous soient épargnées les angoisses des révolutions. Mais ce serait se cacher la tête dans le sable que de s'imaginer que ce danger peut être évité autrement qu'en s'engageant au plus vite dans le chemin qui mène à la liberté.

QUANT A NOUS QUI SAVONS CE QUI SEUL PEUT LIBÉRER L'EUROPE, NE COMMETTONS PAS LE PÉCHÉ D'OMISSION DE L'INACTIVITÉ ET DE L'ATTENTE PASSIVE AFIN DE NE PAS DEVENIR LES COMPLICES DE L'ABOMINABLE CRIME QU'EST LA GUERRE. FAISONS NOTRE DEVOIR DE TOUTES NOS FORCES! ON NOUS A MONTRÉ LA VOIE, IL FAUT AGIR! EN AVANT ET A L'ŒUVRE!

Le droit et la force

Le fait que les deux camps continuent à donner comme
une des raisons de la guerre « la lutte du droit contre la force »,
offre une preuve frappante de la justesse de l'argument, que la
fin de la guerre mondiale, et une entente des partis ne pourront pas se produire, tant que les deux groupes se complairont
dans des généralités et de belles phrases et rendront impossible par là toute explication claire. On pourra s'expliquer
cette impossibilité évidente, même sans douter de la sincérité
de l'une ou de l'autre des parties en comprenant que la notion
du droit, telle que nous la concevons dans la vie privée, ne
peut pas être appliquée aux rapports des nations entre elles.
Il est vrai que nous avons un droit des gens, mais il ne consiste
qu'en un certain nombre de stipulations internationales dont
l'efficacité est mise en question par l'absence des conditions
les plus importantes ; il n'existe ni un juge, dont les deux parties pourraient reconnaître l'autorité, ni un pouvoir exécutif
pour assurer le respect de ses décisions. Par conséquent chaque nation peut se forger une notion spéciale de son propre
droit, regarder et traiter comme une injustice le droit de l'adversaire. C'est ainsi que les deux parties peuvent lutter de
bonne foi pour « le droit », et pourtant se combattre. La lutte
du droit contre la force ne sera donc rien de plus qu'une belle
phrase, aussi longtemps que nous manquerons d'un droit international bien établi et universellement reconnu.

S'il faut se dire que sans des rapports de droit assurés
entre les nations une paix durable est impossible, mais que
l'établissement de ce droit est encore plus difficile dans les
troubles actuels de la guerre, qu'en temps de paix, on pourrait désespérer en songeant à la durée indéfinie de cet épou-
vantable carnage. Cependant cette terrible misère a suscité
dans tous les peuples deux facteurs qui étaient impuissants
avant et depuis le début de la guerre, mais qui maintenant,
prennent partout une importance croissante — à savoir la
raison et l'humanité. Dans le courant de trois longues et dures
années de guerre la raison et la réflexion grandissante ont fait
admettre au sein de toutes les nations, qu'au moment où la

guerre a éclaté, elle ne pouvait plus être évitée, mais qu'il aurait été possible d'y obvier, en affrontant plus tôt les raisons
qui ont conduit le monde jusqu'au bord de l'abîme, et en comprenant que ces raisons n'avaient absolument rien de commun
avec les intérêts et les besoins véritables des peuples. On a
appris à voir que les souffrances que les peuples ont à endurer
aujourd'hui, ne sont pas le châtiment de ce qu'ils se sont précipités dans la guerre, convaincus qu'ils l'étaient d'y avoir été
contraints, mais de ce que pendant les années précédentes, ils
se sont trop peu inquiétés de leur sort, de ce que, uniquement
occupés de gain et de jouissance, ils ont livré le salut du monde
à l'arbitraire d'une petite clique de ministres et de diplomates,
de militaires et de fournisseurs de guerre, qui ont poursuivi
très fréquemment leurs intérêts privés, ambitieux et âpres au
gain et qui étaient servis par une presse aussi étroite d'esprit
que dépourvue de scrupules. L'humanité, reculant avec horreur devant les atrocités qui se multiplient de jour en jour,
demande la cessation immédiate de cette folie de la guerre, et
commande à la raison d'achever son œuvre, en imposant aux
peuples la conviction qu'ils ne pourront pas, il est vrai, réparer les terribles conséquences de leur péché d'omission, mais
qu'ils pourront au moins l'expier et obtenir le pardon de la
postérité, en mettant toute leur énergie à réparer ce qu'ils
avaient négligé par le passé, et en recommençant d'un commun
accord leur travail là où ils avaient abandonné le chemin du
progrès pour se laisser précipiter dans le malheur par le chauvinisme et le matérialisme.

Si les peuples avaient pu prévoir, non en 1914, il étai déjà
trop tard, mais peut-être depuis le commencement du siècle,
ce qu'ils savent aujourd'hui, ils se seraient, sans aucun doute
refusés à suivre leurs chefs. Ils se seraient sûrement concertés
dans une action commune, pour édifier un monde nouveau,
dans lequel une transformation radicale et un essor puissant des
dispositions morales et spirituelles auraient répondu aux formidables progrès techniques extérieurs. De cette façon l'empire acquis sur les forces de la nature aurait servi à enrichir
et à ennoblir l'existence de chacun en procurant à tous une vie
pleine d'un pur contentement, au lieu d'éveiller chez les uns
l'âpreté au gain et l'égoïsme, chez les autres la violence et la
bassesse, transformant ainsi le monde entier en un enfer. Si

donc les peuples comprennent et regrettent sincèrement leur négligence de jadis, ils ne pourront pas, il est vrai, en effacer les suites désastreuses, ni rappeler les morts à la vie, mais ils n'auront qu'un pas de plus à faire pour comprendre que ce qui était alors le bon chemin pour tous, l'est encore aujourd'hui, quoique, entre temps, on se soit fourvoyé dans une mauvaise direction. Il s'agit de retourner en arrière jusqu'au point, visible, maintenant, où l'on a fait fausse route ; il s'agit cette fois de chercher son chemin et de se le frayer soi-même, sans se fier à autrui. Nous verrons alors comment la lutte pour le droit contre la force exige que l'humanité pousse toutes les nations à faire usage de leur raison pour créer un droit qui sera capable de triompher de la force. Tous ceux qui prendront franchement fait et cause pour le droit contre la force aideront, grâce à leurs sentiments humanitaires, et à la supériorité de leur raisonnement, à assurer au droit la même place dans la vie des nations que dans la vie privée.

De ces considérations il résultera une double exigence pour les milieux sincèrement pacifiques de toutes les nations. Ils conviendront premièrement que les véritables causes de la guerre ne doivent pas être recherchées dans les événements qui en ont immédiatement précédé le début, mais bien dans ce que le développement mondial a eu d'insensé ces dernières années, — qu'ils en portent la responsabilité aussi bien que leurs adversaires, par leur manque de prévoyance et d'indépendance, qu'il est donc absurde, après avoir vu clairement le rapport de ces choses entre elles, de continuer à se faire souffrir, au lieu de se libérer de l'influence des milieux acharnés à la guerre, et de reprendre en commun l'œuvre de civilisation au point où l'on avait commis l'erreur de se séparer. Ils reconnaîtront d'autre part que la solution des différends qui éloignent encore la conclusion de la paix ne pourra pas être trouvée sur le terrain du droit, mais sur celui de la raison et de l'humanité.

Ce point de vue exige que l'on élimine l'amertume et la haine provoquées de toutes parts par la guerre, et qu'on cherche la base du droit commun, qui pourra seul garantir une paix durable, avec autant d'objectivité et de calme qu'on aurait dû le faire 15 ans plus tôt pour éviter cette terrible catastrophe mondiale. Les peuples devront montrer qu'ils ont con-

science de leurs responsabilités, en prenant eux-mêmes leur
sort en mains. Sans se tourner contre leurs gouvernements
qui pourront aussi à l'avenir chercher à faire de leur manière
et dans leur sphère, le bonheur de leurs peuples, ces derniers
devront, par l'entremise des neutres, poser les fondements, ci-
mentés par la concorde et une sincère bonne volonté, de leur
avenir commun. Ils seront profondément convaincus du fait
que quelques modifications superficielles des formes de la propriété et du pouvoir ne suffiront pas pour supprimer les causes de la guerre, causes qui proviennent au fond de la conception, de la vie. Ces causes ne pourront être supprimées que par
l'aversion du monde civilisé tout entier pour l'anarchie qui a
régné jusqu'ici ainsi que pour le droit du plus fort et par son
adhésion à un système législatif se basant sur l'égalité de droit
de toutes les nations et sur l'élimination de tout pouvoir arbitraire.

L'opinion qu'il est insensé de vouloir, ainsi que le désirent
certains milieux, rétablir la paix par un retour au statu quo
ante, puisque c'est justement cet état de choses qui a conduit
à la guerre, est certainement justifiée en elle-même. Il est inu-
tile de chercher à arriver, en discutant certaines propositions à
une solution heureuse, par un marchandage comme dans les
affaires. Mais il me semble bien plus oiseux encore de croire
qu'on sera forcé de continuer la guerre jusqu'à la défaite fi-
nale de l'adversaire. Cela ne pourrait amener tout au plus
qu'un armistice, mais jamais la paix, bien plutôt l'épuisement
complet des deux parties, au profit des tiers. L'action du Comité Suisse d'initiative pour la Société des Nations nous apparaît
comme la conséquence directe de cette manière de voir : elle
prévoit les conditions d'une entente franche de toutes les nations, qui donnerait une satisfaction égale à toutes les parties.
Ce n'est que par une solution intégrale de tous les problèmes
et par un règlement complet des rapports des nations dans leur
ensemble qu'on jettera, pour l'action commune du monde, les
fondements inébranlables d'une justice égale pour tous, au
sein de laquelle les différends s'aplaniront d'eux-mêmes. Le
Comité veut procurer aux nations la possibilité d'organiser
leur avenir et de trancher leurs querelles de la façon dont ils
l'auraient fait en 1900 si, à cette époque ils avaient pu utiliser

les expériences de 1917. Il faut que les nations s'engagent aujourd'hui dans la voie de la concorde qu'elles ont perdue jadis et qui seule conduit à une civilisation plus avancée et à un épanouissement plus grand. Et elles devront pouvoir se placer sur le terrain sûr d'un droit des nations établi pour tous les domaines spéciaux, afin que de tous les tourments et de tous les malheurs dans lesquels elles seront tombées actuellement, il ne reste que le souvenir, avertissement salutaire de conserver fidèlement la paix et l'unité nouvellement rétablies. Que ce ne soit pas une œuvre incomplète ou un compromis qui couronne la victoire du droit sur la force, mais qu'une paix franche, durable, et qui fasse droit à toutes les exigences, devienne — mais immédiatement — la part des nations.

Henry WENGER.

Confédération européenne ou confédération mondiale ?

Dans sa brochure « Les Etats-Unis d'Europe », Carl Zimmermann a posé trois conditions à l'admission des peuples à la Confédération : l'instruction obligatoire, le suffrage universel, et des finances bien ordonnées. La première de ces exigences nous semble seule justifiée : dans un état moderne, les illettrés ne devraient pas avoir le droit de vote. Mais on peut présumer qu'il suffira de faire valoir cette condition en établissant la confédération, pour introduire au plus vite l'instruction obligatoire là où jusqu'à présent on s'y était refusé. En revanche, nous estimons que les objections contre l'admission des peuples dont les lois électorales et les finances nécessitent une amélioration, ne sont pas fondées. Si le droit d'élire au parlement des peuples doit être octroyé à tous les habitants majeurs des pays confédérés, ce droit de vote démocratique, le plus libéral de tous, ne pourra manquer d'avoir un effet rétroactif sur la constitution électorale de tous les états membres de la confédération ; les parlements de chacun des Etats n'ayant pas d'influence sur le parlement fédéral, leur composition sera indifférente pour l'activité de la Confédération. Quant aux finances, la Confédération n'aura aucun engagement à contracter pour ses membres ; on ne saurait donc imaginer en quoi la situation économique difficile d'un de ses pays pourrait lui porter préjudice. Si un pays n'est plus en état de supporter sa part relativement modeste des dépenses de la Confédération, cette dernière se garantira à l'avance par un cautionnement, ou par une hypothèque sur les douanes etc... prévue pour ce cas, lors de l'entrée du pays dans la Confédération. D'ailleurs le fait d'appartenir à la Confédération, fait qui aura pour conséquence de fortes économies dans le département militaire, et des progrès rapides dans tous les domaines, facilitera beaucoup à ces peuples le rétablissement de leurs finances et de leur prospérité économique, et en fera des membres particulièrement fidèles et dévoués de la Confédération.

Il ne nous semble donc pas aller trop loin, en constatant qu'aucune objection réelle ne pourrait être faite à l'admission d'une nation, quelle qu'elle soit, dans la Confédération. Pourquoi alors se limiter à la Confédération des Etats Européens, et laisser grandir par là le danger toujours menaçant de conflits internationaux jusqu'à celui de formidables guerres intercontinentales. Pourquoi ne pas fonder tout de suite la « Confédération mondiale » à laquelle tous les peuples pourront et devront participer ? Il est vrai que Zimmermann parle d'étendre la Confédération européenne à une « Confédération de l'Ancien Monde », à laquelle devront appartenir toutes les colonies des Etats européens, dont l'Australie, les Indes, la presque totalité de l'Afrique, le Canada etc : et il admet qu'on pourra, sans autre forme de procès, trouver sur la base de ses propositions, un accommodement avec les Etats-Unis de l'Amérique du Nord, de sorte que le « bloc de l'Extrême Orient » aurait, en cas d'intentions agressives, le monde entier contre lui. Dans la pratique, ceci ne se distinguerait plus guère de la Confédération mondiale. Mais alors pourquoi ne pas établir cette organisation de telle façon, que dès le début toutes les nations y trouvent leur place, que toutes puissent immédiatement être invitées à en faire partie, et qu'il n'y ait plus de changement à faire, si d'aucuns se décidaient plus tard à y entrer ?

On fait à notre opinion des objections dans le domaine économique, technique, ou dans celui de la civilisation. On dit que la poursuite des importantes missions civilisatrices de la confédération serait entravée, si des peuples d'un niveau de culture entièrement différent, et ayant par suite des besoins très divers, devaient être réunis pour une action commune. En raisonnant ainsi, on ne voit pas ce qui est essentiel, ce qui distingue l'organisation nouvellement projetée des systèmes internationaux connus jusqu'à présent, à savoir que pour prendre des résolutions au point de vue économique ou à celui de la civilisation, il suffit de la simple majorité des voix ; qu'en revanche aucun peuple ne pourra être forcé d'adopter ces résolutions ou de les conserver, s'il trouve après coup qu'elles ne sont pas appropriées. Il n'y a donc d'oppression d'aucune nature à redouter, et l'on ne pourrait concevoir en quoi les pays plus avancés devraient être entravés par la collaboration de ceux qui le sont moins. Au contraire, il est facile de prévoir que ce seront justement les nations retardées, dont l'évolution moins entravée par des insuccès, se fera plus rapidement lorsque leurs guides dans tous les domaines seront en rapports constants avec les premiers spécialistes des peuples frères plus développés. Ce sont ces rapports constants entre les capacités les plus éminentes dans tous les domaines qui, mieux que toute autre chose, seront en état de préserver les peuples de la défiance et des malentendus, et permettront d'échanger des expériences et des observations et de nouer et de cultiver des relations réciproques ; et ceci agira d'autant plus fructueusement sur les relations économiques, que le nombre des participants sera plus grand, et que les possibilités qui s'offriront à chacun, seront plus vastes et plus diverses. En partant du principe que dans le domaine économique aussi, chaque nation aura pleine liberté, tant que la liberté des autres n'en sera pas entravée, la coopération systématiquement réglée de peuples de conditions économiques entièrement différentes, sera favorable à tous. Les problèmes d'une organisation mondiale vraiment rationnelle, de la division du travail et de la mise en valeur de tous les moyens de production et de transport ne trouveront aucune solution aussi avantageuse et complète que celle qui résultera de cette union méthodique, fournissant un travail régulier et constant, des dirigeants économiques de toutes les nations. Ceci d'autant plus, qu'en développant un domaine spécial on pourra, par des échanges de vue avec les experts les plus compétents, être informé d'une façon suivie des progrès dans les autres divisions de l'état moderne.

Les difficultés techniques que l'on objecte contre l'établissement de la confédération mondiale ne supportent pas un examen serré, au moins lorsqu'il s'agit de triompher du temps et des distances pour tenir les séances du parlement et des congrès. A cela près que les délégués de l'Australie et des Indes auront à faire, pour venir en Europe une route plus longue et plus fatigante que les Américains, il ne faut pas être prophète pour prévoir que l'accroissement du trafic mondial après la guerre rendra les distances encore plus courtes, rapprochera le monde encore plus que par le passé, surtout si, pa la fondation de la Confédération des nations, les rapports entre les peuples de l'univers deviennent encore plus multiples qu'autrefois. Plus fondée nous paraît l'objection, que s'il faut lors d'une participation du monde entier, assurer une représentation considérable aux petits peuples aussi, le nombre des députés au parlement deviendrait trop grand pour rendre possible une activité fructueuse. Cependant on pourrait, avec un peu de bonne volonté, remédier à cet état de choses : soit que les projets soient préparés par des commissions professionnelles, et que l'ensemble ne discute que leur adoption définitive, ou qu'on constitue pour les différents domaines de l'activité fédérale des parlements professionnels auxquels seraient délégués quelques représentants spécialement qualifiés, mais disposant de l'ensemble des voix de leur pays. Ou encore qu'on établisse des parlements parallèles dans toutes les parties du monde, auxquels on soumettrait les mêmes sujets de délibération, et dont les résolutions seraient additionnées selon le nombre de députés, et réunies en un résultat collectif. Il faudra toujours de nouveau se souvenir que des lois absolues ne seront que très rarement discutées puique les lois constitutionnelles nécessaires seraient déjà adoptées par chaque nation lors de son entrée dans la Confédération. L'activité du parlement fédéral se bornerait donc surtout au contrôle de l'administration et de la juridiction fédérales, ainsi qu'à l'initiative et à l'élaboration de « lois d'option » qui n'obligeraient personne. Comme une oppression des minorités ne peut pas se produire, on pourrait accorder à ce parlement une constitution beaucoup plus libre et plus large que celle des représentations nationales actuelles. Il serait certainement bien plus facile de trouver une forme d'organisation qui permettrait à la Confédération mondiale de surmonter tous les obstacles cités ici, que de supprimer les inconvénients qui résulteraient d'un partage nouveau du monde en plusieurs blocs.

Notre opinion est qu'il n'existe qu'une raison justifiée pour renoncer à la participation d'un peuple quelconque à la Confédération : c'est que l'on considère la Confédération des nations comme un préliminaire de la paix qu'on voudrait, en face des terribles sacrifices que chaque jour coûte, rétablir aussi rapidement que possible..

En partant de ce point de vue, on n'est que trop justifié en se contentant de ce qui est à portée, et en ne voulant attendre que jusqu'au moment où sera réuni le minimum de participants qui pourra donner à l'alliance suffisamment de stabilité et de sécurité. Cependant, même en partant de cette prévision, nous doutons que la Confédération européenne soit préférable à la Confédération mondiale. On peut se demander si les Etats-Unis d'Amérique ne seront pas gagnés plus tôt à la société des nations que maint « Européen ». Cette divergence d'opinion exige en tous cas un examen très détaillé et très approfondi du problème.

Paul TISSOT.

La Confédération des Peuples

Condition préalable
et non pas conséquence de la paix

La solution du problème de la réconciliation des peuples est devenue un des devoirs les plus pressants de l'heure actuelle. L'époque où on haussait les épaules avec un sourire de mépris quand il s'agissait des « doux rêves du pacifisme » est bien définitivement passée. Partout on a commencé à se rendre compte que l'*utopisme* est du côté de ceux qui veulent conquérir la paix à coups de sabre et à coups de fusil. De plus en plus on est arrivé à la conviction que ce ne sont pas les événements militaires qui finiront la guerre, mais qu'un accord amiable, basé sur la justice, est seul susceptible d'amener la paix. Les dirigeants des nations en guerre, eux aussi, ont accepté ce principe et ont donné leur adhésion à la « league of peace », à la « Société des Nations », au désarmement et à l'arbitrage international. Si, en dépit de tout cela, on ne peut pas encore voir la fin de cette affreuse boucherie tout autour de nous, c'est là une conséquence du fait qu'on cherche plus à faire disparaître les symptômes extérieurs de la guerre qu'à en extirper les racines elles-mêmes.

Sous l'influence du développement énorme du trafic mondial depuis une vingtaine ou une trentaine d'années, développement qui coïncidait avec les progrès de l'instruction populaire, une conception générale du monde s'était formée ; elle était particulièrement favorable au développement de la raison et des facultés intellectuelles. Il s'agissait avant tout d'acquérir les capacités nécessaires pour profiter le plus vite possible et le plus complètement possible des avantages que l'époque moderne offre à celui qui sait agir avec énergie et avec habileté. C'est pourquoi l'école s'efforçait de faire entrer dans les cerveaux le plus de connaissances qu'elle pouvait. Les parents, dans la mesure où le souci de gagner leur vie et de jouir de leurs revenus leur laissait le loisir de s'occuper de l'éducation des enfants, se bornaient à exciter chez ceux-ci l'ambition et le désir d'arriver. Ils les poussaient à utiliser les connaissances acquises de la façon la plus avantageuse, c'est-à-dire de celle qui serait susceptible de rapporter le plus de gains matériels. Les conséquences de cette façon exclusive de développer les facultés intellectuelles furent un rétrécissement de la vie sentimentale et beaucoup de négligence en ce qui concerne la formation du caractère. D'autre part, les instincts de cupidité, l'arrivisme hâtif, la course aux bénéfices, la recherche des jouissances matérielles s'étaient développés et en même temps on considérait avec mépris et dédain les éléments d'ordre spirituel et d'ordre moral. « La grandeur », d'après les idées d'aujourd'hui, c'est la richesse en argent ou en valeurs pécuniaires, « l'influence » ce sont les moyens dont on dispose pour avoir une action sur les destinées des autres. « Il est arrivé à quelque chose » signifie il a gagné beaucoup d'argent avec lequel il est maintenant en état de faire œuvre utile ou nuisible selon son bon plaisir. Quoi d'étonnant donc si dans de pareilles circonstances on a vu se déchaîner une lutte toujours plus âpre, non seulement au sein de chaque peuple, mais encore entre les différents peuples. La lutte pour l'existence entre les individus a pu, dans une certaine mesure, être maintenue dans des limites régulières grâce au pouvoir législatif et au pouvoir exécutif à l'intérieur de chacun des Etats. Mais ce conflit devait nécessairement dégénérer en anarchie et prendre des formes hideuses et brutales lorsqu'il éclata entre les nations. Aujourd'hui, nous voyons ce qui, en dernière analyse, a amené la guerre mondiale, nous nous rendons compte qu'il faut en chercher la cause dans le fait que l'évolution intérieure de la civilisation moderne a fait fausse route. C'est pourquoi tous les efforts pour sortir de la situation pitoyable de l'heure actuelle doivent porter sur ce point. Nous comprenons aujourd'hui que l'union de l'humanité ne pourra se réaliser que si les peuples veulent faire l'éducation de leur sensibilité et de leur caractère en même temps que celle de leur intelligence, que si on arrive à établir une harmonie entre les forces du cœur et de la volonté d'une part et les facultés de la raison d'autre part. Et nous reconnaissons donc que tout effort dans le sens de la réconciliation et de l'accord universel doit se baser sur un essai de réforme de tout notre système d'instruction et d'éducation. A côté de ce que l'on fait pour meubler les esprits de savoir et développer la faculté de comprendre, il faudrait consacrer plus d'efforts et de temps qu'on ne l'a fait jusqu'ici à agir sur les éléments d'ordre spirituel ou moral. Nous devons réclamer avec beaucoup d'insistance qu'outre la préoccupation de notre bien-être matériel, l'importance plus grande encore du travail nécessaire à l'enrichissement et à la satisfaction de notre vie spirituelle soit mieux reconnue. Tout en étant d'accord qu'il est légitime de souhaiter un plus grand raffinement des formes extérieures de l'existence, nous devons nous garder d'y voir le but essentiel à atteindre. Bien au contraire, il faut que le désir de jouissances plus élevées trouve sa justification dans la richesse et la complexité de notre vie intérieure. Nous devons regarder avec mépris et sans indulgence tout faux clinquant, toute apparence extérieure trompeuse qui n'est pas l'expression sincère d'une conviction intérieure. Ne nous courbons que devant les véritables autorités qui peuvent s'appuyer sur une réelle valeur personnelle. C'est seulement une modification complète de toute notre manière d'envisager l'existence, une renonciation absolue, irrévocable au culte du Mammon qui pourra amener la détente indispensable dans la concurrence économique mondiale. Et une pareille détente est nécessaire pour triompher des montagnes de méfiance et de mauvais vouloir qui se sont élevées entre les peuples, pour arriver à une entente et pour créer des institutions qui garantissent aux nations, d'une façon durable, des rapports pacifiques de bon voisinage. Même l'organisation la mieux combinée ne peut pas être un remède pour l'humanité souffrante si l'on n'a pas procédé préalablement à une épuration et à une rénovation de son sang. Mais si l'on réussit à éliminer le virus matérialiste et le virus chauvin de l'organisme malade du genre humain, on arrivera rapidement et sûrement à la guérison, c'est-à-dire à la paix durable.

Peut-on attendre ce renouvellement de l'âme, de la sensibilité et de la volonté de tous les peuples, cette condition préalable, la plus profonde et la plus importante de la paix, des gouvernements et des diplomates, des généraux et des journalistes qui, depuis le début des hostilités, se couvrent réciproquement d'injures et d'insultes? Et si même ils réussissaient à rompre le nœud gordien de la guerre mondiale, croit-on que ce serait d'une façon propre à faire naître l'atmosphère de confiance et de loyauté indispensable à un accord sincère? Est-il possible de penser que ces milieux dirigeants qui se sont combattus à mort depuis des années, animés d'une haine et d'un acharnement sans cesse croissants, parviendront à faire disparaître les excitations et les calomnies, à se distinguer par leur manière d'agir conciliante et désintéressée pour se tendre la main généreusement sans arrière-pensée et pour conclure un accord? Esti-l raisonnable d'espérer que c'est de cette façon qu'on donnera des lois nouvelles au monde, qu'on libérera toutes les forces humanitaires et civilisatrices et qu'on leur fera vaincre la soif de puissance et les rivalités d'intérêts dans tous les pays?

Ce sont là des questions auxquelles il est superflu de répondre. Il suffit de les poser pour voir clairement que, si les peuples veulent la paix, ils doivent établir eux-mêmes leur union et qu'il serait illusoire de l'attendre de l'accord de leurs gouvernements.

J.-J. DUBOIS.

Le Comité suisse pour la préparation de la Société des Nations

La réalisation de la Société des Nations est la seule voie qui peut nous mener vers la genèse de la paix universelle et vers son maintien durable. Des phrases générales ne suffisent pourtant pas pour y aboutir. Il faut fixer les formes concrètes d'un nouvel ordre de choses, correspondant aux nécessités vitales de tous les peuples. Quiconque aspire vers la paix universelle est tenu de déterminer d'une *manière précise* les institutions d'un vie nouvelle qui donnera à tous les peuples l'indépendance nationale, morale et économique, qui leur permettra de se développer librement, qui leur donnera des garanties contre toute agression. Alors ils auront conscience d'être sûrs et protégés, alors ils pourront régler leurs différences mutuelles d'une manière satisfaisante. Il faut donc tout d'abord créer cette base générale ; il est impossible et ne sert de rien de chercher le règlement de tel ou tel litige particulier sans l'aide du grand progrès universel.

Ces considérations ont mené à la constitution du « Comité suisse pour la préparation de la Société des Nations ».

Il se propose d'élaborer un plan pour l'organisation de cette fédération future, en laquelle les *peuples eux-mêmes* se réuniront, indépendamment de leurs gouvernements, sans toutefois se mettre en opposition quelconque avec ceux-ci. Ces gouvernements garderont, pour l'avenir, le règlement des intérêts *particuliers de leurs pays.*

Il se propose d'élaborer un plan pour l'organisation de lités, partis et tendances, une part d'influence correspondant à leur force. Ces groupements s'uniront sur une base internationale, sans briser la vitalité de leurs états respectifs : Pour que cela soit possible, la Société des Nations *s'abstiendra de toute immixtion dans la vie intérieure des Etats.* Mais, par la force de sa constitution démocratique, par son travail de réconciliation, elle aura une influence certaine sur les peuples qui en font partie et fera disparaître toutes les tendances de chauvinisme et de mammonisme, toutes velléités d'impérialisme et de politique de prestige.

Le Comité pour la préparation de la Société des Nations s'efforcera de transformer les résultats théoriques de ses investigations en un programme pratique et réalisable pour la vie en commun des nations. Le Comité suisse coopérera avec des efforts parallèles dans les autres pays neutres. Il fera appel aux *spécialistes,* même dans les pays *belligérants.* Le Comité aidera ainsi à la prompte liquidation de la crise universelle et à l'établissement de la paix durable. Absolument neutre et indépendant, il ne fera point appel aux *gouvernements* belligérants. Il ne sera *influencé d'aucune manière par les événements de la guerre.* Il se bornera à la fixation des bases, pour l'union future des peuples, à réaliser dès que ceux-ci le voudront.

Le Comité sera donc tenu de déterminer les lois fondamentales à accepter par toutes les nations adhérant à la Fédération, lois qui seront indispensables pour le maintien et pour une activité utile de la Société des Nations. Il sera aussi important d'élaborer l'organisation technique pour la législation, l'administration et la juridiction future, de déterminer l'étendue et la méthode des travaux, la compétence et la responsabilité des principaux organes et institutions de l'avenir.

Il sera aussi nécessaire de fixer et de préparer les tâches les plus urgentes à réaliser. On étudiera les germes de la vie internationale qui existent aujourd'hui et les possibilités pour leur développement dans l'ambiance nouvelle.

Les membres du Comité se grouperont en plusieurs *sous-Commissions.* Ses présidents feront appel aux collaborateurs appropriés et s'efforceront de trouver le concours de tous les groupements politiques, religieux et intellectuels du pays. Les membres du Comité traceront eux-mêmes un plan pour leur travail. Des rapporteurs seront nommés et des études seront élaborées, aptes à être publiées dans la *Voix de l'Humanité.* Ces publications seront aussi réunies en un ouvrage « *La Société des Nations :* contributions au plan d'une démocratie universelle ».

Le livre sera communiqué aux spécialistes de Suisse et de l'étranger pour qu'ils veuillent bien l'apprécier et le compléter.

Les études développées de cette manière seront finalement communiquées au bureau central qui les synthétisera en un programme général. On cherchera aussi un accord avec les résultats des travaux similaires entrepris dans les autres pays neutres, pour arriver à un programme commun intitulé : « *Programme neutre pour la création de la Société des Nations* ».

Entre temps, des propositions seront élaborées par un Comité de propagande pour répandre ces idées de la manière la plus large. Les membres de tous les Parlements neutres seront sollicités de se joindre au mouvement et de lui donner une ampleur dépassant l'importance de tous les autres problèmes internationaux, pour en faire une tâche commune de toutes les nations neutres. Nous indiquons ci-après quelques détails pour ces travaux.

PREMIER GROUPE
Conseil fédéral

Pour parlementaires, juristes et spécialistes de l'administration publique :

a) Département de droit public.

b) Département technique.

Programme de travail provisoire :

Ad. a) Conditions pour l'adhésion des nations.

Serait-il utile que les élections au Conseil fédéral soient indirectes (se fassent par l'intermédiaire des organes des différents Etats) ? Relations entre le Conseil fédéral et les gouvernements des différents Etats. Compétence du Conseil fédéral, de ses Commissions, de son président et des directeurs des Départements.

Responsabilités :

Ad. b) Nombre des députés ; mode des élections ; électorat.

Vérification des résultats de l'élection, referendum et initiative populaire ? Siège du Parlement, règlement parlementaire, bureau de l'assemblée. Commissions pour le choix et la surveillance des directeurs départementaux. Durée de la fonction, devoirs de représentation et rémunération du président. Rémunération des députés. *Langue des débats.*

IIe GROUPE
Département de l'Intérieur

Pour spécialistes en sciences morales, pédagogiques ; spécialistes en sciences sociales, hommes politiques, prêtres, professeurs, artistes, journalistes, médecins.

Lois fondamentales :

Chaque citoyen de la confédération recevra gratuitement un *journal fédéral* paraissant dans sa langue. Cette publication publiera des rapports sur les délibérations et les arrêts du Conseil fédéral, sur toutes les propositions importantes des Départements, de même sur les faits importants de la juridiction fédérale. Le journal — rédigé de manière à être compris par tous — contiendra des articles pour lesquels le Département fera appel à des écrivains compétents ; articles qui expliqueront le but, les devoirs et l'utilité de la Fédération, ses relations avec le reste du monde, les droits et les devoirs de ses membres (Etats) et de même des citoyens particuliers.

Le journal offrira une tribune aux Départements fédéraux pour qu'ils puissent expliquer leurs vues relatives aux problèmes nouveaux et pour se défendre contre des critiques éventuelles.

En fin de compte, le journal propagera tous les efforts vers une solidarité de plus en plus intime des citoyens fédéraux, vers l'unification des points de vue vis-à-vis de l'œuvre fédérale, vers la prospérité de la Fédération et de toutes ses institutions.

Le journal et éventuellement les brochures qui lui seraient annexées seront rédigés par le Département de l'Intérieur, mais le journal sera imprimé séparément dans chaque pays ou même chaque province (aux frais de la Fédération et sous son contrôle).

Quiconque livrera au mépris public les institutions ou les organes de la Fédération (par la parole, l'écrit ou l'image) ou bien quiconque menacera la sécurité ou l'existence de la

Fédération ou de ses membres sera puni en conformité avec les lois relatives au crime de haute trahison qui sont en vigueur dans son pays. Si de telles lois manquent dans un pays, elles seront édictées par la Confédération d'après le modèle des lois existant ailleurs. Les poursuites civiles et pénales ne seront abordées qu'après l'échec d'une tentative de conciliation par devant un tribunal arbitral de la corporation auquel appartient l'accusé. Celui-ci pourra demander que la justice de son propre pays soit saisie de l'affaire. Toutefois, l'accusé et la Fédération auront le droit d'interjeter appel même contre la décision du tribunal national suprême. L'appel sera examiné par le Sénat compétent du tribunal fédéral. D'ailleurs chaque gouvernement sera libre de faire traiter des cas importants par le tribunal fédéral de la Confédération et d'en appeler au Conseil fédéral lui-même, par l'intermédiaire de sa Commission de justice.

Organisation :
a) Instruction publique.
b) Réformes sociales.
c) Hygiène publique.
d) Commission juridique.
Quelques points du programme de travail :

Ad. a) Elaboration d'un manuel correspondant à l'esprit de la Fédération pour combattre le matérialisme et le chauvinisme, pour cultiver les idéals humanitaires, pour éveiller le respect et l'amour de la Fédération ; pour une réforme de l'enseignement historique qui deviendra purement objectif, sans tendances aucunes. Echange des élèves entre les divers pays. Langue universelle. Sténographie universelle.

Ad. b) Propositions pour le développement de la législation internationale qui s'oppose aux industries dangereuses. Protection des femmes et des enfants. Unification des principes généraux pour la politique financière, pour l'assurance sociale, pour la politique agraire.

Mesures contre la fuite des capitaux et contre des migrations nuisibles.

Ad. c) Principe d'un temps de service obligatoire pour les deux sexes, à employer pour une activité protectrice de valeur sociale et morale. Hygiène internationale et développement des sports. Jeux olympiques comme institution fédérale.

Ad. d) Revision et développement des traités pour la protection internationale de la propriété littéraire. Principes généraux pour l'établissement des tribunaux d'arbitrage et d'honneur pour les différentes professions. Organisation commune, succursales dans toutes les provinces.

Publication de revues professionnelles fédérales et organisation de congrès professionnels, *ad. a, b, c, d.*

IIIe GROUPE
Département de l'Industrie et du Commerce

Pour les spécialistes de l'économie publique, du trafic et de la finance, pour les industriels et les commerçants, les dirigeants des syndicats et les coopératives, agriculteurs et artisans.

Lois fondamentales :

Suppression des aspirations contre le libre jeu de l'offre et de la demande, aspirations qui seraient influencées par des intérêts privés et qui seraient nuisibles aux intérêts des consommateurs. Punition de la concurrence déloyale et des manœuvres tendant vers une richesse illégitime. Défense des bonifications pour l'exploitation, du *Dumping*, des traités entre Etats qui ne respecteraient pas le traitement égal pour tous les Etats fédérés. Les tarifs douaniers seraient tolérés dans l'intérêt de la protection nationale et des consommateurs, mais toute fin fiscale ou politique devrait être exclue.

Organisation :
a) Commission d'économie politique.
b) Commission du trafic.
c) Commission des finances.

Programme de travail préliminaire :

Ad. a) Etude d'un traité fédéral en vue de l'exploitation méthodique, distribution et utilisation rationnelle des matières premières. Monopoles fédéraux pour la fabrication des marchandises indispensables pour la consommation des classes pauvres en vue de leur garantir un minimum d'existence.

Ab. b) Chemins de fer fédéraux. Essais d'administration commune des lignes de navigation, d'aviation et d'automobiles. Création d'un matériel commun pour le trafic.

Ad. c) Budget fédéral. Règlement de la caisse fédérale. Fixation des contributions matriculaires. Examen de la comptabilité fédérale. Règlement des systèmes monétaires, des poids et mesures. Publication des revues professionnelles et organisation de congrès professionnels, *ad. a, b, c.*

IVᵉ GROUPE
Département des Colonies

Pour exportateurs et importateurs, négociants et industriels, juristes, militaires, missionnaires et pédagogues.

ꞌLois fondamentales :

Toutes les colonies des Etats fédérés ont le droit d'adhérer à la Fédération comme membres égaux en droits. Ceci à la condition qu'elles soient capables — dans l'opinion du Conseil fédéral — de faire valoir les droits et de remplir les devoirs qu'implique la qualité de membre de la Fédération. Si le Conseil fédéral refuse l'admission, le Département colonial se chargera de l'administration. Il fera preuve d'une impartialité absolue et s'efforcera de préparer ces pays à l'autonomie.

Organisation :
a) Administration et législation.
b.) Commerce et trafic.
c) Ecoles.
d) Sécurité publique.
e) Commission juridique.

Programme préliminaire des travaux :

Ad. a) Relations entre les organes d'exécution et le Département colonial. Relations de ses agents avec les habitants.

Citoyens de plein droit et ressortissants d'Etats alliés et étrangers. Préparatifs vers une unification des lois coloniales et l'adaptation de ces lois avec les lois générales de la Fédération.

Ad. b) Gestion en commun des entreprises auxquelles

sont intéressés les citoyens d'Etats différents. Pour éviter des antagonismes malsains : examen de la question de la garantie à tous les Etats fédérés d'une part proportionnée en matières premières.

Ad. c) Manuels d'école répandant autant que possible la connaissance des principales institutions de la Fédération.

Ad. d) Organisation des forces de police coloniales. Surveillance des lignes de communication avec les pays métropolitains.

Ad. e) Préparatifs vers une unification du droit colonial. Rapports au Département colonial (relativement aux affaires contentieuses des colonies). Organisation d'expositions coloniales et de voyages d'information.

Vᵉ GROUPE
Département de l'Extérieur

Pour des spécialistes en droit public, des parlementaires et des diplomates.

Lois fondamentales :

Les Etats confédérés abandonnent toutes relations indépendantes avec les Etats qui n'appartiennent pas à la Fédération, tant qu'il en reste. Une représentation consulaire pour des buts commerciaux reste réservée, mais ces agents consulaires seront surveillés par les agents diplomatiques de la Confédération.

Les relations entre les Etats confédérés sont réglées par leurs représentants au Conseil fédéral et dans les différents Départements fédéraux, éventuellement par le Sénat compétent du tribunal fédéral (sous réserve d'un appel au Conseil fédéral par l'intermédiaire de la Commission de contrôle du Département en question).

Toute tentative d'exercer une influence politique sur d'autres Etats sera prohibée, même des subventions économiques pour des buts économiques ou moraux (à l'étranger) ne seront tolérées qu'à la condition que les sommes proviennent exclusivement des particuliers et point des pouvoirs publics.

Les Etats confédérés réserveront leur propre juridiction et la plénitude de leurs droits fiscaux dans toutes les concessions offertes aux ressortissants des autres Etats. Tous les traités contraires seront considérés comme nuls et non avenus.

Organisation :
a) Commission technique.
b) Commission juridique.
c) Commission d'information.
Quelques indications pour le programme des travaux :

Ad. a) Règlement pour la sélection des agents diplomatiques. Position des agents vis-à-vis des gouvernements étrangers et alliés. Position des agents vis-à-vis des agents consulaires des Etats fédérés à l'étranger.

Ad. b) Préparatifs vers une unification des traités conclus entre les Etats fédérés d'un côté et l'étranger de l'autre. Procédure à appliquer toutes les fois que des droits de citoyens fédérés à l'étranger sont lésés.

Ad. c) Etude de l'évolution politique et économique des pays étrangers. Traités appropriés pour faciliter l'adhésion ultérieure des Etats étrangers.
Publication d'un journal pour l'étranger.

VIe GROUPE
Protection de la Fédération

Pour militaires et juristes.
Lois fondamentales :
Tâches purement défensives. Maintien de l'ordre à l'intérieur, à condition que le Conseil fédéral ordonne l'intervention armée. (Une majorité du 4/5 des votes est nécessaire.)
Les troupes ne seront employées à l'extérieur du territoire fédéral que dans les cas d'une menace manifeste.

Organisation :
a) Commission technique.
b) Commission des réquisitions et finances.
c) Commission juridique.
Quelques tâches approximatives :
a) Fixation des contingents militaires et des frais occasionnés par leur entretien :

1. Dans l'Union universelle (troupes de police seulement).

2. Dans une Union européenne (surtout protection des côtes).

3. Dans l'éventualité d'une Fédération restreinte à une partie de l'Europe (protection sur terre et sur mer).

Organisation du service de toutes les armées.

b) Utilisation du matériel existant (vêtements et munitions).

Fabrication du matériel militaire. Monopole fédéral pour les armes et la munition. Répartition des frais.

c) Lois militaires et juridiction militaire. Répartition des compétences entre les autorités civiles et militaires. Droits maritimes.

VIIe GROUPE
Département de Justice

Organisation :
Les cinq Sénats de contrôle pour les Départements.
Le tribunal arbitral pour la Fédération.
Tribunal administratif fédéral.
Le procureur de la Fédération.
L'office fédéral pour la vérification des élections.

VIIIe GROUPE
Commission pour l'appréciation des responsabilités de la guerre

Etude impartiale des causes et auteurs de la conflagration universelle.
Organisation :
Sous-commissions pour l'examen :
a) Des causes politiques.
b) Des causes économiques.
c) Des responsabilités des gouvernements et parlements.
d) Des responsabilités de la presse et de la littérature.

IXe GROUPE
Commission pour le rétablissement des pays dévastés par la guerre

a) Sous-commission pour l'examen des réclamations et demandes de subventions. Succursales dans tous les pays qui ont souffert de la guerre (pour les spécialistes de l'assurance et du bâtiment).

b) Sous-commission pour l'élaboration et l'appréciation de plans pour les œuvres projetées (pour architectes et ingénieurs).

c) Sous-commission pour la répartition des moyens (pour commerçants et industriels).

d) Sous-commission financière pour la gestion et le contrôle des sommes destinées aux buts indiqués (spécialistes de l'administration publique et banquiers).

Xᵉ GROUPE
Commission pour la période intermédiaire

Pour faciliter la transition de la guerre universelle à la paix universelle, de l'anarchie à l'ordre.

Organisation :
a) Sous-commission économique.
Concours mutuels pour les approvisionnements et pour la reprise du trafic international.
b) Sous-commission juridique.
Transition des institutions juridiques aux institutions fédérales de l'avenir.

XIᵉ GROUPE
Commission pour la propagande

Les résultats auxquels sont arrivés les différents groupes seront communiqués au public par le moyen de la presse, des réunions, etc. La préparation et la réalisation, etc. de ces mesures incomberont à la Commission de propagande.

XIIᵉ GROUPE
Bureau central

Il sera nécessaire que l'activité de toutes ces Commissions soit coordonnée et dirigée d'une manière consciente. Cette tâche incombera au bureau central.

Liste des Membres
du Comité Suisse pour la préparation de la Société des Nations

Président : Le président de la « Ligue pour la défense de l'Humanité » (actuellement M. le docteur R. Broda, Zurich).

Vice-président : M. Schorer, président du tribunal administratif, Berne.

M. le docteur A. Forel, Yvorne.

Secrétaire : M. Wenger, ancien membre du grand Conseil, Zurich.

MEMBRES

MM. Balmer, conseiller national, Schüpfheim.

Enrico Bignami, fondateur de la Ligue des Pays neutres, Lugano.

le Dr Bucher-Heller, président de la Société Suisse pour la Paix, Lucerne.

Debrit, directeur de la *Guerre Mondiale*, Genève.

Eugster-Züst, conseiller national, Speicher (St-Gall).

L. Katscher, écrivain, Berne.

le Dr Karmin, privat-docent, Genève.

le Dr de Maday, professeur à l'Université, Neuchâtel.

Moriaud, doyen de la Faculté de droit, Genève.

G. Muller, conseiller national, directeur du département des finances de la ville de Berne.

Peytrequin, vice-président du Conseil communal, Lausanne.

le Dr Platzhoff-Lejeune, pasteur, Bullet.

Quartier-la-Tente, conseiller d'Etat, Neuchâtel.

Raschein, conseiller national, Malix, près Coire.

E. Rapin, pasteur, président honoraire de la « Société Vaudoise de la Paix », Montreux.

Ruedi, ancien membre du grand Conseil, Lausanne.

J. Scherrer, conseiller aux Etats, St-Gall.
le Dr Seiler, conseiller national, Brig.
le Dr Stössel, ancien président du Conseil national suisse,
 Zurich.
le Dr Alfred Stuckelberg, avocat, Bâle.
F. v. Wrangell, Ascona.
Zurcher, conseiller national, Zurich.
Zurcher, procureur général, Zurich.